Paul Posener:

Grundriss des gesamten deutschen Rechts in Einzelausgaben

3. Band: Sachenrecht des Bürgerlichen Gesetzbuches.

J. Heines Verlag.
Berlin.

Preis 90 Pf.

Grundriß
des gesamten
deutschen Rechts
in Einzelausgaben
von
Paul Posener.

3. Band.

Sachenrecht des Bürgerlichen Gesetzbuches.

Berlin 1900.
J. J. Heines Verlag.

Abkürzungen

der geltenden Gesetze. (Die früheren Gesetze werden regelmäßig vollständig genannt.)

B = Bürgerliches Gesetzbuch.

C = Strafprozeßordnung. (C von Carolina!)

E = Einführungsgesetz zu —.

G = Gerichtsverfassungsgesetz.

H = Handelsgesetzbuch.

K = Konkursordnung.

L = Landesrecht.

M = Militär- —.

R V = Reichsverfassung.

S = Strafgesetzbuch.

V U = preußische Verfassungsurkunde.

W = Wechselordnung.

Z = Zivilprozeßordnung.

Die folgende Zahl giebt den Artikel oder Paragraphen an.

Vorwort.

Die vom Gesetze gegebene Einteilung des Sachenrechtes ermöglicht einen engeren Anschluß meiner Darstellung an das dritte Buch des B. G. B. Mehr als anderwärts schien es hier notzuthun, das preußische Recht für die geschichtliche Entwickelung heranzuziehen. Der Darstellung des römischen und deutschen Rechtes ist indessen hierdurch kein Eintrag geschehen.

In der ersten Abteilung meines Grundrisses ist dieser Band der dritte: 1. allgemeiner Teil, 2. Recht der Schuldverhältnisse, 4. Familienrecht, 5. Erbrecht, 6. Handelsrecht, 7. Wechselrecht.

Die zweite Abteilung umfaßt: 8. Gerichtsverfassung, 9. Zivilprozeß, 10. Zwangsvollstreckung und Konkurs, 11. Staatsrecht und Verfassungsrecht, 12. Verwaltungsrecht, 13. Völkerrecht und internationales Recht, 14. Kirchenrecht, 15. Strafrecht, 16. Strafprozeß, 17. Militärrecht.

Der dritten Abteilung gehören an: 18. römische Rechtsgeschichte, 19. deutsche Rechtsgeschichte, 20. brandenburg-preußische Rechtsgeschichte.

Berichtigungen und Abänderungsvorschläge werde ich gern entgegennehmen.

Breslau VII, im Oktober 1900.

Posener.

Inhaltsverzeichnis.

Einleitung

I. Im B drittes Buch: Sachenrecht; im üblichen Pandektensysteme zweites Buch.

II. Neun Abschnitte. — 1. Besitz B 854 bis 872; 2. allgemeine Vorschriften über Rechte an Grundstücken B 873 bis 902; 3. Eigentum, in fünf Titeln; a. Inhalt des Eigentums B 903 bis 924, b. Erwerb und Verlust des Eigentums an Grundstücken B 925 bis 928, c. Erwerb und Verlust des Eigentums an beweglichen Sachen, in sechs Unterabschnitten: I. Uebertragung B 929 bis 936, II. Ersitzung B 937 bis 945, III. Verbindung. Vermischung. Verarbeitung B 946 bis 952, IV. Erwerb von Erzeugnissen und sonstigen Bestandteilen einer Sache B 953 bis 957, V. Aneignung B 958 bis 964, VI. Fund B 965 bis 984, d. Ansprüche aus dem Eigentume B 985 bis 1007, e. Miteigentum B 1008 bis 1011; 4. Erbbaurecht B 1012 bis 1017; 5. Dienstbarkeiten, in drei Titeln; a. Grunddienstbarkeiten B 1018 bis 1029, b. Nießbrauch, in drei Unterabschnitten: I. Nießbrauch an Sachen B 1030 bis 1067, II. Nießbrauch an Rechten B 1068 bis 1084, III. Nießbrauch an einem Vermögen B 1085 bis 1089, c. beschränkte persönliche Dienstbarkeiten B 1090 bis 1093; b. Vorkaufsrecht B 1094 bis 1104; 7. Reallasten B 1105 bis 1112; 8. Hypothek. Grundschuld. Rentenschuld, in zwei Titeln; a. Hypothek B 1113 bis 1190, b. Grundschuld. Rentenschuld, in zwei Unterabschnitten: I. Grundschuld B 1191 bis 1198, II. Rentenschuld B 1199 bis 1203; 9. Pfandrecht an beweglichen Sachen und an Rechten, in zwei Titeln; a. Pfandrecht an beweglichen Sachen B 1204 bis 1272, b. Pfandrecht an Rechten B 1273 bis 1296.

III. Besonders hervorzuheben: eine Art des Besitzes, keine Detention; mittelbarer, unmittelbarer Besitz, Besitzdiener; kein animus possidentis; Mieter hat Besitz; kein Rechtsbesitz; keine possessorische Klage gegen den fictus possessor, keine bona fides für

Tabularersitzung; Grundbuchsystem; strenge Durchführung der Teilung in bewegliche und unbewegliche Sachen, insbesondere im Pfandrechte.

IV. Ueber den Begriff der Sache vgl. Grundriß Band 1, S. 20 ff.

V. Dingliches und persönliches Recht s. Grundriß Band 2, S. 2 Nr. IV; über Anspruch vgl. Grundriß Band 1, S. 32 Nr. V und Band 2 S. 3 Nr. V.

1. Abteilung:

Der Besitz.

§ 1. Begriff. Subjekt. Gegenstand.

I. Possessio appellata est a sedibus quasi positio, quia naturaliter tenetur ab eo qui ei insistit, D 41, 2, 1 pr. — Nihil commune habet proprietas cum possessione. — Zu unterscheiden: ius possidendi, Recht zum Besitze (Eigentum), und ius possessionis, Rechtsfolgen des Besitzes (Interdiktenschutz).

II. Ist der Besitz ein Recht? [Hauptschriften: von Savigny, Recht des Besitzes; Bruns, R. d. B. im Mittelalter; von Ihering, Grund des Besitzesschutzes, — Besitzwille; Strohal; Bekker; Schuppe.]

III. Herrschende Ansicht: Besitz nicht Recht, sondern etwas Thatsächliches mit Rechtsfolgen; Zustand der Befriedigung des Eigentums, aber auch bei Nichteigentum vorkommend. [Dernburg: reale Herrschaft über die Sachgüter.] Im B keine Stellung zu dieser Kontroverse; dennoch von größter Bedeutung, ob Recht oder nicht, wegen B 823 („oder ein sonstiges Recht“). — Besitzproblem: als Recht wird etwas, das nicht Recht ist, behandelt, — Folgeerscheinungen.

IV. Römisch: Sklaven, Hauskinder nicht für sich besitzen; Hauskinder im späteren Rechte können besitzen; ferner D 41, 2, 1, 3: furiorus et pupillus sine tutoris auctoritate non potest incipere possidere, quia . . . [Partikularr. z. B. A. L. R.: Klostergeistliche unfähig.]

V. Deutsch: keine Unterscheidung von Besitz und Eigentum, sondern nur ein Verhältnis von Person zur Sache: die Gewere; [abzuleiten von vasjan = investire (z. B. mit dem Eigentume jmd. bekleiden); nicht von vairan = praestare, gewähren;

nicht von varjan = defendere, wehren.] Aelteres deutsch. R. kennt nicht das rein possessorische Verfahren; dies erst seit Ende des 13. sc. aus röm. und kanon. Prozessen. Gewere: durch selbstständige Klage geschütztes Besitzrecht (Albrecht); — Thatsache des Nutzungsbesitzes (Laband, Heusler). — Gewere ist der mit Nutzen verbundene Besitz.

VI. A. L. R. I 7, 134: „Recht des Besitzes."

VII. Nach B 854 ist anzunehmen: thatsächliche Gewalt über eine Sache; demnach kann jeder, auch der geschäftsunfähige Mensch, Besitz erwerben.

VIII. Römisch: Duorum quidem in solidum (dominium vel) possessionem esse non posse; wohl aber Mitbesitz zu ideellen Teilen. Deutsch: nicht dieselbe Gewere mehrerer an derselben Sache; wohl aber verschiedene Gewere, z. B. einer Eigengewere, ein anderer Zinsgewere. Nach B 868 unmittelbarer und mittelbarer Besitz. — Ueber Rechtsbesitz s. w. u. S. 5. Besitz an Bestandteilen? B 865, Besitzer ist auch der Mieter eines Stockwerkes.

§ 2. Arten des Besitzes.

I. Römisch: a. Juristischer Besitz, possessio, ist der durch possessorische Interdikte geschützte Besitz, mit animus possidentis (v. Jhering, Baron, Dernburg); Fälle: Eigentumsbesitzer, Prekarist, Superfiziar, Emphyteuta, Pfandgläubiger, Sequester. b. Detention oder Innehabung (v. Savigny): thatsächliche Beherrschung ohne Interdiktenschutz; z. B. willenlos, Stellvertreter, Sklaven, Hauskinder, Mieter, Pächter, Nießbraucher, in possessione esse. — [Im Gegensatze zu a hatte die herrschende gemeinr. Lehre, v. Savigny, Windscheid, Bruns, Puchta, als juristischen Besitz nur angesehen den Eigentumsbesitz mit animus domini. (Dieser Ausdruck nicht quellenmäßig; auch Theophilus meint mit *τὸ ψυχῇ δεσπόζοντος κατέχειν* nicht den animus domini, sondern überhaupt „Herrschaftswillen"); für die anderen Fälle des jur. B., z. B. Prekarist, Pfandgläubiger, wurde abgeleiteter (anomaler) Besitz angenommen.] Einteilungen: civiliter und naturaliter possidere, justa und injusta possessio, fehlerfrei und vitiös (vi, clam, precario), bonae und malae fidei.

II. Deutsch: Gewere an Grundstücken ist Nutzung; an Fahrnis die Möglichkeit thatsächlicher Verfügung. Juristische (ideale) Gewere ist Besitzrecht, z. B. des Erben vor Erlangung des Besitzes; faktische, leibliche, hebbende oder brukende Gewere ist die Thatsache des Innehabens, z. B. auch die diebliche, raubliche, betrügliche Gewere. — Ledigliche G., wenn der Berechtigte selbst oder durch Verwalter nutzt, also nicht z. B. durch Pächter. — Eigenliche, Zins-, Lehns-, Satzungs- (d. i. Pfand-) Gewere; Gegensatz zu diesen: gemeene oder blote Gewere. — Rechte Gewere!

III. A. L. R. I 7: vollständiger Besitz ist Eigenbesitz; unvollständiger Besitz: Gewahrsam mit animus rem sibi habendi; Gewahrsam: thatsächliche Herrschaft mit dem Willen, für anderen zu verfügen; Herrschaft ohne Willen. — Titulierter Besitz. — „Wirklich unredlicher" Besitzer ist, wer es weiß, daß ohne gültigen Titel; fingiert unredlicher Besitzer: der unrechtfertige B. (er irrt aus ignorantia iuris), der unvorsichtige (culpa lata), wer wegen verschuldeter ignorantia facti irrt, wer als Beklagter nach Klageerhebung noch im Besitze bleibt.

IV. Nach B ist auch der sog. Detentor Besitzer. — Der Eigentümer kann sein: unmittelbarer B., z. B. wenn er selbst im Hause wohnt, oder mittelbarer, wenn Mieter das Haus bewohnt; dann ist der Eigentümer mittelbarer, der Mieter unmittelbarer B. [Also anders wie römisch!] Vgl. B 871, z. B. Nießbraucher („Besitzmittler") überträgt jemandem unmittelbaren Besitz, dann ist sowohl Nießbraucher als auch Eigentümer mittelbarer Besitzer. — Eigenbesitzer: wer Sache mit animus domini besitzt. — Wer die thatsächliche Gewalt nur für einen anderen, nach dessen Weisung ausübt, ist nicht Besitzer (vielmehr ist B. der andere); „Besitzdiener" (Bekker, Fischer), „Besitzhalter" (Endemann); z. B. Bote, Dienstmädchen, Handlungsgehilfe, Gast.

§ 3. Erwerb und Verlust des Besitzes.

I. Römisch. D 41, 2, 3, 1: apiscimur possessionem corpore et animo neque per se animo aut per se corpore. Dernburg: „aller Besitzerwerb ist originär;" dagegen mit Recht Brinz, Strohal, Fischer; (Tradition des B. ist Succession in den Besitz, nicht bloß zeitliche Aufeinanderfolge). — Occupatio; traditio brevi und longa manu, symbolisch, (nicht aber eigentlich und uneigentlich; — v. Savigny); constitutum possessorium; durch Stellvertreter (Gewaltuntergebene, Prokuratoren). Besitzverlust entweder animo oder corpore; Tod des Besitzers, Verkehrsunfähigkeit oder Untergang der Sache; — im Falle der Stellvertretung nur dann, wenn der vertretene Besitzer nicht mehr auf die Sache einwirken kann.

II. Nach B wird Besitz erworben: B 854_1 durch Erlangung der thatsächlichen Gewalt; B 854_2 durch Willenseinigung, wenn Erwerber in der Lage, thatsächliche Gewalt auszuüben (const. poss.); B 857 durch Erbgang ohne weiteres. [Dennoch im Falle B 854_1 auch Besitzwille zu fordern, animus possidentis; vgl. „genügt" B 854_2, „aufgiebt" B 856_1, „sofern" B 867; dieser Besitzwille ist auch bei Kindern („haben wollen"), Geisteskranken ꝛc. als natürlicher Wille vorhanden.] Nicht jede vorübergehende Gewalt genügt, vielmehr von gewisser Dauer. — Verlust des Besitzes: a. freiwillig durch Aufgeben der Gewalt (Dereliktion — Uebertragung), b. unfreiwillig, d. i. „in anderer Weise" B 856_1, z. B. Diebstahl, ev. Verlieren, c. Untergang der Sache. Bei a und b nur, wenn dauernd an Ausübung der Gewalt behindert.

§ 4. Rechtsbesitz.

I. Römisch: Iuris quasi possessio oder Servitutenbesitz; Rechtsbesitz hat Nießbraucher (z. Zt. der Republik allerdings Sachbesitz), er hat nicht Sachbesitz, sondern Detention.

II. Deutsch: am Zehntrecht, Vogtei, Gerichtsbarkeit; kanonisch: an Kirchenämtern, Patronat, Pfründe, sogar Ehebesitz!

III. Im B Rechtsbesitz nicht anerkannt, denn B 90 mit 854_1; aber Besitzesschutz in B 1029, 1090 für Dienstbarkeiten, vgl. auch E B 191 [nicht aber ist Besitzesschutz in E B 128 hinzu zu denken]; ferner die Vorschriften über Erbschaftsbesitz B 2018 ff.

§ 5. Schutz des Besitzes.

I. Interdikte. 1. Grund des Schutzes. a. relative Theorieen; v. Savigny: Hilfe gegen Gewalt, Deliktsklagen (stimmt nicht für alle); Glossatoren, v. Ihering: weil Besitz wahrscheinliches Eigentum ist (aber: im possessorium nicht gestattet, Recht vorzubringen). — b. absolute Theorieen (Windscheid, Puchta, Bruns): Willenstheorie, im Besitze liegt Wille, dieser wird geschützt; (dagegen: warum den Willen des Nichtbesitzers, und nicht auch den Willen des Besitzers schützen?)

c. Dernburg: Unantastbarkeit unserer thatsächlichen Vermögensstellung ist eine der Bedingungen des geordneten Zusammenlebens.

2. Interdikte sind Zwischenreden des Prätors. — Bedeutung: Römer fragen nicht, was ist Besitz, sondern, welche Rechtsmittel zum Schutze. Vgl. Grundriß Band 18. — Vim fieri veto ist Prozeßakt, Gewalt symbolisch, vgl. Gaius inst. IV, 170.

3. Erhaltung bestehenden Besitzes — retinendae p. — gegen Störung: i. uti possidetis (Immobilien) und i. utrubi (Mobilien); später (christliche Kaiser) in eins verschmolzen. — Mittelalter: possessorium ordinarium, (olim possessor, hodie possessor); summariissimum. — Alte C. P. O. § 814 einstweilige Verfügung; ebenso Z 935, 940.

4. Wiedererlangung verlorenen Besitzes, i. recuperandae possessionis: i. de vi (Immobilien), utrubi (Mobilien), ferner i. de vi armata, de loco publico fruendo, quod vi aut clam; [petitorisch: condictio possessionis]. Aus den pseudoisidorischen Dekretalien (darüber Grundriß Band 14), ist canon redintegranda in das decretum Gratiani gelangt: daraus zuerst eine prozeßhindernde exceptio gegen Klagen jeder Art, also indirekter Schutz; später durch canon saepe die condictio ex canone. seit dem 17. sc. Spolienklage (eine übermäßige Ausdehnung des i. de vi).

5. Verschaffung eines bisher nicht gehabten Besitzes, apiscendae possessionis: i. quorum bonorum, quod legatorum, Salvianum.

6. Niemals possessorium mit petitorium (Streit ums Recht) verbunden.

II. Deutsch: kein eigentlicher Besitzesschutz; Streit ums Recht kann mit dem um Besitz verbunden werden. Beklagter hat bessere Rolle: „näher, die Sache zu behalten," „näher zum Beweise." Schutz des besseren Rechtes. — Besonderes bei Verlust der Gewere an beweglichen Sachen: a. freiwillig, z. B. Pacht, Leihe: „Hand muß Hand wahren," „wo einer seinen Glauben gelassen hat, da muß er ihn wieder suchen;" b. unfreiwilig, z. B. Diebstahl, ohne Rücksicht auf guten Glauben: Anefang, schlichte Klage, intertiatio; lübisches Recht giebt bei bona fides Ersatz. — Ueber den Namen „intertiatio": (Brunner) Angabe des auctor, (Zöpfl) Kläger kann sein Recht selbdritt beschwören, (Schröder) Sache wird dem Sequester übergeben, bis entschieden ist.

III. Nach B.

1. Besitzesschutz kommt jedem Besitzer zu, dem unmittelbaren wie dem mittelbaren; dem Teilbesitzer ferner, soweit sein Sachteil verletzt ist; ebenso den gemeinschaftlich Besitzenden (B 866!!), schließlich auch beschränkt dem Besitzdiener B 860.

2. Besitzesschutz gegenüber verbotener Eigenmacht B 858. Fälle: a. Störung des gegenwärtig vorhandenen Besitzes, d. i. jede ohne oder gegen des Besitzers Willen erfolgende positive Einwirkung auf den Besitzstand, jede Behinderung des Besitzers an beliebiger Einwirkung auf seine Sache. b. Entziehung ohne oder gegen Willen des Besitzers. — Folgen: Der so (durch a oder b) erworbene Besitz ist fehlerhaft, der verlorene B. wird ihm gegenüber ohne Rücksicht auf guten Glauben geschützt; die Fehlerhaftigkeit geht auf Erben ohne weiteres über; sonst nur, wenn Fehler dem Erwerber bekannt ist.

3. Kein Schutz, wenn Eigenmacht (Störung oder Entziehung) gesetzlich zulässig. Fälle: a. als Selbstverteidigung grundsätzlich immer erlaubt, B 227 (Notwehr) und 859_1, b. angriffsweise, als Selbsthilfe, nur in den vom Gesetz genannten Fällen, B 561, 859_{2-4}, 904, 910, 962, ferner E B 89; c. im Falle des Notstandes B 228.

4. Selbstthätiger Schutz des Besitzers gegen verbotene Eigenmacht a. verteidigungsweise sowohl bei Störung als auch Entziehung B 859_1, b. angriffsweise nur bei Entziehung B 859_2 und $_3$.

5. Gerichtlicher Schutz. a. Anspruch auf Wiedereinräumung, sog. Besitzentziehungsklage (actio spolii). Kläger: nur Besitzer (nicht Besitzdiener, wie A. L. R. I 7, 162); auch mittelbarer Besitzer, aber nicht gegen seinen Mittler. Beklagter: wer fehlerhaft besitzt, bezw. Erbe oder bösgläubiger Nachfolger eines solchen; nicht aber fictus possessor, der nicht mehr Besitz hat. Klage geht auf Wiedereinräumung des Besitzes, nicht Schadensersatz; [für diesen wäre anzuwenden B 823, 249.] Beweislast des Kl.: früherer Besitz, insbesondere z. Zt. der Entziehung, die widerrechtliche Entziehung, Besitz des Bekl.; — Bekl. hat Einwendung des fehlerhaften Besitzes, das ist keine bloße Einrede; exceptio spolii nicht mehr Rechtens. — Vgl. B 861!

b. Anspruch wegen Besitzstörung, sog. Besitzstörungsklage, (possessorium ordinarium). Klage des Gestörten bezw. seines Erben gegen den Störer. Störung muß derart sein, daß fortdauernd Besitz beeinträchtigt wird, wenn auch nur wörtlich. Klage geht auf Beseitigung, ev. Unterlassung, aber nicht auf Schadensersatz. Keine actio duplex.

c. Feststellungsklage Z 256; condictio possessionis B 812.

d. Petitorische Einreden gegenüber a und b unzulässig, außer um zu beweisen: α. daß Eigenmacht nicht eine verbotene war, z. B. B 229, 962; β. Einverständnis des Klägers, z. B. Verkauf einer Sandgrube; γ. Retentionsrecht B 273_2.

e. [Nach alt. C. P. O. § 232_2 durfte petitorium mit possessorium nicht verbunden werden.] Kein Verbindungsverbot mehr; gegen possessorische Klage petitorische Widerklage statthaft.

6. Ansprüche wegen verbotener Eigenmacht erlöschen: a. durch Fristablauf B 864_1, d. i. keine Verjährung; b. petitorium absorbet possessorium B. 864_2.

7. Abholungssache, z. B. herübergeflogene Wäsche, vergessener Schirm B 867.

2. Abteilung:

Die dinglichen Rechte.

1. Kapitel:

Vorbemerkungen über die Rechte an Grundstücken.

§ 6. Moderne Grundsätze.

I. Allgemeines. Eintragungsprinzip: jede Aenderung der Rechtsverhältnisse an Grundstücken im Wege des Rechtsgeschäftes [nicht, wenn durch Rechtssatz, z. B. Erbgang, Nacherbfolge, Gütergemeinschaft, Zwangsversteigerung; hingegen Vermächtnis, Erbschaftskauf ist rechtsgeschäftlich; aber vgl. B 900, 927, 928_2] gilt nur, wenn eingetragen. Oeffentlicher Glaube des Grundbuchs: B 892, 893; ferner B 894 bis 899. Konsensprinzip: Eintragung bewirkt Aenderung nur, wenn über diese Aenderung die Kontrahenten einig sind.

II. Begründung der in B 873_1 genannten Rechte durch Einigung und Eintragung. — Einigung: abstrakter Vertrag der Berechtigten (dessen Recht geändert wird) mit dem „andern Teile“ (Erwerber); scharf von causa zu scheiden; formlos, aber B 925, 1015, 1017_2. Einigung ist unwiderruflich, wenn Erklärungen beider gerichtlich (oder notariell) beurkundet bezw. vor Grundbuchrichter zu Protokoll gegeben sind, wenn die Urkunden über diese Erklärungen bei Grundbuchrichter eingereicht sind, wenn der Berechtigte dem andern Eintragungsbewilligungsurkunde giebt, wenn Einigung nach Eintragung erfolgt [dies trifft nicht: Auflassung, Erbbaurecht], schließlich wenn Eintragung erfolgt ist. — Eintragung: nur auf Antrag; kürzere Fassung im Falle von B 874 möglich.

Dies alles nur, „soweit nicht das Gesetz ein anderes vorschreibt,“ z. B. B 1075, 1154, 1287.

III. Aufhebung „eines Rechtes an einem Grundstücke“ B 875, ferner B 876. — Anderes gilt: a. wenn Aufhebung kraft Rechtssatzes eintritt, z. B. Zuschlag, Ausschlußurteil; b. wenn für gewisse Rechtsgeschäfte etwas Besonderes bestimmt ist, z. B. B 928_1; vgl. ferner B 1183; nicht hierher: B 1072; B 1273, 1255. — Für Aenderung B 877. — Wichtig B 878!

IV. Rangverhältnisse B 879 bis 881. Maßgebend ist Zeitpunkt der Eintragung; bei Rechten derselben Abteilung entscheidet Reihenfolge (Nummern); wenn in verschiedenen: Datum. Ueber Vormerkung B 883_3; vgl. dann B 1131; nach L können Meliorationsdarlehen gemäß EB 118 Vorrang haben. Bei nicht-eintragungsbedürftigen Rechten, welche auch nicht-eingetragen sind: Zeit der Entstehung. — Bei Aenderung des Ranges ist Zustimmung der dazwischen Liegenden nicht nötig.

V. Vormerkung, [aus preuß. R., im B aber „Widerspruch“ besonderer Begriff.] B 883 bis 888. — Vormerkung soll persönlichen Anspruch sichern; sie wirkt dinglich; wird dadurch das vorgemerkte Recht dinglich? (Gierke: ius ad rem.) — Z 895, 942_2; Reichsgrundbuchordnung vom 24. März 1897 §§ 13_2, 18_2, 29, 76_1. — Einstweilige Verfügung Z 935 bis 945.

VI. B 889 nur für Recht am Grundstücke, nicht für Recht an Rechten.

VII. Vereinigung von Grundstücken; Zuschreibung eines Grundstückes „als Bestandteil“ nur zulässig, wenn keine Verwirrung entsteht, Reichsgr.-Ordn. b. § 5. — EB 119_3.

VIII. Oeffentlicher Glaube des Grundbuches B 891 bis 899.

1. Eintragung begründet Vermutung B 891.

2. Inhalt des Grundbuches gilt als richtig, außer daß: a. Widerspruch eingetragen ist; b. Unrichtigkeit dem sich darauf Stützenden bekannt war; c. B 1028, 1155, 1158, 1159; d. Aenderung von Zahlungszeit, -ort oder eine Zinserhöhung bis 5% erfolgen soll, B 1119.

3. Berichtigung B 894 bis 898.

4. Widerspruch B 899.

5. Oeffentlichkeit des Grundbuches gemäß Reichsgr.-Ordn. § 11 für jeden, der ein berechtigtes Interesse nachweist.

IX. Tabularersitzung B 900. Voraussetzungen: a. Eintragung, b. Besitz, (bei Eigentum: Eigenbesitz), c. ununterbrochen 30 Jahre muß a und b bestanden haben. Guter Glaube wird nicht verlangt.

X. Tabularversitzung (Kohler) B 901. Voraussetzungen: a. zu Unrecht erfolgte Löschung, b. Verjährung des Anspruchs. — Besonderes B 902.

§ 7. Entwickelung der Grundbücher.

I. Römisch. Formlose Pfandbestellung, Generalhypothek, gesetzliche Pfandrechte, privilegierte Pfandrechte, keine Erkennbarkeit.

II. Aelteres deutsches Recht. Nur der Grundbesitzer ist in der Volksversammlung vollberechtigt; daher Uebertragung, Erwerb, Belastung in öffentlicher Form. Ursprünglich: Salung, sala, uplât, Auflassung ist die in gestabten Worten unter symbolischen Handlungen erklärte Uebertragung an Ort und Stelle; dazu kommt die Einweisung investitura, dann Friedewirken. Später noch Protokoll des Schreibers des Grafen ꝛc., aber nur als subsidiäres Beweismittel. — Solenne Form weggelassen, nur noch Erklärung vor Schöffen, daß übertragen und erworben wird, und Ausstellung einer Urkunde darüber. — In den Städten nicht mehr auf einzelne Blätter, sondern in das Stadt-, Grund-, Schrein-, Ratbuch. — Durch Rezeption des röm. R. Grundbuchprinzip zurückgedrängt; nur vereinzelt in Partikularrechten geblieben; erst im 17. sc. wieder zu Bedeutung gelangt (Carpzov).

III. Preußisches Recht. Zuerst durch Edikt vom 28. September 1693 Erb- und Lagerbuch für Berlin und Cölln angeordnet. — Grund- und Hypothekenbücher (für Besitzänderung und Belastung) durch Hypotheken- und Konkursordnung vom 4. Februar 1722 eingeführt. — Reform durch Svarez' Hypothekenordnung vom 20. Dezember 1783 [für jedes Grundstück ein folium, welches enthalten soll: Name des Eigentümers, Realverbindlichkeiten, Hypotheken,] und A. L. R. I 20. Aber nur für Hypothek Publizitätsprinzip, hingegen Duplizität des Eigentums möglich; sog. Hypothekenbuchsystem.

IV. Grundbuchsystem durch zwei preußische Gesetze vom 5. Mai 1872 eingeführt; materiell-rechtlich: „Gesetz über den Eigentumserwerb und die dingliche Belastung der Grundstücke, Bergwerke und selbständigen Gerechtigkeiten", formell: „Grundbuchordnung". Nur für freiwillige Veräußerung.

V. Modernes Grundbuch. Prinzipiell Realfolium; nur dann Personalfolium statthaft, wenn keine Verwirrung zu befürchten. Für Grundstücke von Amtswegen anzulegen; bei Begründung eines Erbbaurechts auf Antrag, (aber bei seiner Belastung oder Uebertragung von Amtswegen). Jedes „Blatt" hat drei Abteilungen; verschiedene Spalten. — Schiffsregister. —

2. Kapitel:

Eigentum.

§ 8. 1. Begriff, Inhalt.

I. Römisch.

1. D 45, 1, 38, 9: habere dupliciter accipitur: nam et eum habere dicimus, qui rei dominus est, et eum, qui dominus quidem non est, sed tenet. Dernburg: Eigentumsrecht ist das Recht allgemeiner Herrschaft über die Sache; [literarisches oder geistiges Eigentum?] Thibeaut: die ihrer Natur nach unbedingte Macht. — Keineswegs schrankenlos; durch Rücksicht auf Gesellschaft gebunden (von Ihering).

2. Staatseigentum am ager publicus und Provinzialboden. — Dominium ex iure Quiritium (für res mancīpii durch mancipatio oder in iure cessio); in bonis esse, bonitarisches Eigentum (durch Tradition, Schutz im Besitze durch exceptio rei venditae et traditae, bei Besitzverlust durch actio Publiciana). — Provinzialeigentum. — Proprietas. — Nudum jus.

3. Titulierter gutgläubiger Besitz wird durch actio Publiciana geschützt; er führt im Wege der Ersitzung zum Eigentum.

4. Beschränkung durch gesetzliche Nachbarrechte; Immissionen, z. B. Rauch, Dampf, Abflüsse, Gerüche, Lärm: ambitus, Ueberhang, Ueberfall, Regenwasser, Notweg. [Legalservituten?] Gegen Servituten actio negatoria, vgl. w. u. S. 18 Nr. 2.

II. Deutsch. Eigentum, Eigenschaft. — Gespaltenes Eigentum: dominium plurium in solidum ist undenkbar; dem Emphyteuta und Superfiziar war römischr. eine vindicatio utilis gegeben, d. h. eine analoge Klage; die Glossatoren im 13 sc. sahen darin nutzbringendes Eigentum und unterschieden: dominium directum, Obereigentum und dominium utile, Untereigentum, (Nutzungsrechte); insbesondere für Lehnrecht (A. L. R. I. 18). Diese Teilung ist falsch; nachgewiesen von Thibeaut. — Beschränkungen: Beispruchsrecht (actio revocatoria, keine Entschädigung); Retraktrecht, Losung (gegen Entschädigung).

III. A. L. R. I 8, 1: Eigentümer, wer befugt ist, über die Substanz einer Sache oder eines Rechtes mit Ausschließung anderer, aus eigener Macht durch sich selbst oder einen Dritten zu verfügen. — Teilung in Besitz-, Gebrauchs-, Veräußerungsrecht. — Geteiltes Eigentum: a. Proprietät (Obereigentum): Recht, über die Substanz der Sache zu verfügen; b. Nutzungsrecht (Untereigentum), Recht, eine Sache zu seinem Vorteile zu gebrauchen.

IV. Nach B 903 ist Eigentum prinzipiell unbeschränkt; nur an Sachen. Kein gespaltenes Eigentum. — Elastizität des Eigentums: wenn Beschränkung fortfällt, konsolidiert sich das Eigentum zu Gunsten des Eigentümers. Beschränkungen: im Notstande B 904; Dulden von Einwirkungen so hoch oder so tief, daß Eigentümer kein Interesse mehr hat; Immission von Imponderabilien, B 906; [bei festen oder flüssigen Körpern: actio negatoria;] Untersagung schädlicher Anlagen B 907 (operis novi nuntiatio); Verantwortung für den durch gefährdende Gebäude und Werke entstandenen Schaden und vorher schon: Eigentümer kann geeignete Vorkehrungen zur Abwendung der Gefahr verlangen (von dem Nachbar ꝛc., der nach B 836_1, 837, 838 verantwortlich sein würde), [cautio damni infecti; aber nach B nur für Eigentümer bezw. Miteigentümer gemäß B 1011]; ferner im einzelnen B 909 bis 924.

V. Insbesondere noch zu verweisen auf B 1094 bis 1104, Vorkaufsrecht; kein gesetzliches Vorkaufsrecht an Grundstücken, wohl aber an Anteilen des Miterben am Nachlasse B 2034, 2035; nach L gesetzliches Vorkaufsrecht möglich gemäß EB 58, 59, 62, 109.

2. Erwerb und Verlust des Eigentumes.

§ 9. An Grundstücken.

I. Römisch; keine grundsätzliche Unterscheidung, ob beweglich oder unbeweglich; daher hier sämtliche Erwerbsarten zu nennen. Originäre — derivative Erwerbsarten. — 1. Okkupation; 2. Spezifikation ist Verarbeitung fremder Mobilien zu neuer Form; Prokulianer: Eigentum des Arbeiters, Sabinianer: Eigentümer bleibt, Justinian: Eigentümer bleibt, wenn Sache rückführbar in alte Gestalt (Metallarbeit z. B.), sonst dem Arbeiter; 3. Fruchterwerb: Eigentümer, Emphyteuta, gutgläubige Besitzer: mit Separation; Nießbraucher, Pächter: mit Perzeption (Besitznahme); bona fide possessor fructus consumtos suos facit; 4. Accessionen: a. Schatzerwerb (bestritten, ob das nicht Okkupation), b. Fund (negotiorum gestor), c. Erwerb nach Uferrecht: alveus derelictus, alluvio, avulsio, insula in flumine nata [„insula“ heißt übrigens auch Mietskaserne!]; d. superficies solo cedit, tignum iunctum, (ius tollendi), — Inkorporation bei Mobilien (Gemälde!), confusio, commixtio, (Geld!); — 5. Derivativ: Tradition für Mobilien wie für Immobilien, Uebereignungswille auf causa gestützt (z. B. Kauf, Schenkung), abstrakter Charakter der Tradition (aber nicht, wenn Uebereignung nur mit Rücksicht auf künftiges Geschäft erfolgt); — 6. Ersitzung: Eigentumserwerb auf Grund eines bestimmte Zeit hindurch bestehenden Besitzes, usucapio, ersitzt pro suo, — [leges Atinia, Plautia, Scribonia], longi temporis praescriptio; beide Arten unter Justinian verschmolzen; (ferner durch Justinian noch: außerordentliche Ersitzung); rés habilís, titulús, fidés, posséssio, témpus, insbesondere titulus (Dernburg: Vorgänge, welche den Erwerb des Eigentumsbesitzes als rechtmäßig erscheinen lassen) z. B. pro emptore, pro soluto, pro donato, pro herede, pro derelicto, — nemo sibi ipse causam possessionis mutare potest. — 7. Erwerb durch missio ex secundo decreto, ferner bei Reparatur eines gemeinschaftlichen Hauses.

II. Deutsch, an Immobilien, s. w. o. S. 10 Nr. II. In älterer Zeit Eigentum am Neubruche durch Bifang, captum (Rodung des Waldes).

III. A. L. R. teilt die Erwerbsarten ein in a. unmittelbare (Erwerb lediglich durch Besitzergreifung): Okkupation, bei herrenlosen Grundstücken: Regal; Bernstein; strand- und seetriftige Sachen; derelinquierte Sachen; freie (wilde) und solche Tiere, welchen animus revertendi verloren haben; [Besonderes für jagdbare Tiere]; Fund, Schatz, Beute; — Fruchterwerb, auch ohne Trennung, mit Entstehung; insbesondere dann noch Ersitzung (ungewöhnliche — gewöhnliche); — b. mittelbare: freiwillige Veräußerung (Tradition, Auflassung), Zuschlag bei notwendiger Veräußerung, Enteignung, Gütergemeinschaft, Erbgang, Erschaftskauf, Gemeinheitsteilung (durch Bestätigung des Rezesses).

Nach A. L. R. I 9, 1 und 2 wird scharf geschieden: titulus acquirendi, gesetzlicher Grund, vermöge dessen äußere Handlungen (also modus) die Kraft haben, daß dadurch das Eigentum erworben werden kann; — modus acquirendi, die äußeren Handlungen, durch welche Eigentum erworben wird. Titel sind: Rechtsgeschäft, Gesetz (!), Urteil (!).

IV. Zu B 925 bis 928 kommen noch hinzu E B 58, 59, 62, 65, 109, 113, 126, 127, ferner Zuschlag (Gesetz über die Zwangsversteigerung und die Zwangsverwaltung vom 24. März 1897, § 90); — Gesamtgut bei Gütergemeinschaft B 1438, 1519; Erbgang.

1. Auflassung. Erfordernisse: a. vor dem Grundbuchamte (aber E B 143_1), b. gleichzeitige Anwesenheit beider Teile (aber E B 143_2); — keine Bedingung, keine Befristung. Stellvertretung möglich (urkundlich nachzuweisen gemäß Grundb.-Ordn. § 29); Ersetzung der Erklärung Z 894. Auflassung hat vor der Eintragung zu erfolgen, Grundb.-Ordn. § 20. — Die Auflassung ist eine „Einigung," s. w. o. S. 8, also abstrakt; Form des ihr zu Grunde liegenden obligatorischen Vertrages B 313! Heilung der Formmängel durch Auflassung. Die Urkunde über den obligatorischen Vertrag braucht nicht vorgelegt werden, L kann es aber anordnen, R.-Grundb.-Ordn. § 98. — Eigentumsübergang erfolgt erst mit Eintragung.

2. Zubehör B 926; wesentliche Bestandteile (B 93) werden mit dem Grundstücke erworben.

3. Ausschließung des Eigentümers durch den Eigenbesitzer B 927, Aufgebotsverfahren Z 977 bis 981. Ausschlußurteil giebt ein Recht auf Eintragung. Erwerb erst mit Eintragung.

4. Verzicht auf Eigentum B 928, ist erst mit Eintragung unwiderruflich (Fischer). Aneignungsrecht des Fiskus, ev. EB 129, 190.

§ 10. An beweglichen Sachen.

I. Deutsch: Im Mittelalter Fiskus ausschließendes Bemächtigungsrecht an herrenlosen, beweglichen Sachen innerhalb des Territoriums: Regal. Bei Fund nach Ssp. II 37 zwischen Finder und Gerichtsherrn geteilt. Tierfang; insbesondere: wer hat Eigentum an gewildertem Gute? [„unfreiwillige Stellvertretung" für den Jagdberechtigten oder Grundeigentümer; dagegen Dahn: Wilderer hat Eigentum.] Kriegsbeute, vgl. auch Grundriß Band 13. Frucht: „wer säet, der mähet," „hat die Egge das Land bestrichen, so ist die Saat verdient."

II. Nach B 929 bis 984.

1. Uebertragung. a. durch Eigentümer: Eigentümer übergiebt (beide Fälle von B 854 möglich) die Sache dem Erwerber; ist dieser abwesend, dann ist der Uebergang mit Einhändigung erfolgt; Eigentümer und Erwerber müssen den animus transferendi bezw. accipiendi dominii haben, d. h. es muß eine „Einigung" zu stande kommen; vgl. w. o. S. 8. — Brevi manu traditio. — Constitutum possessorium, z. B. Kunsthändler verkauft ein Bild, behält es aber durch Leihe zum Ausstellen auf einige Zeit. Insbesondere constitutum possessorium, wenn der Veräußerer den Erwerber gemäß B 181 vertreten darf, z. B. Einkaufskommissionär kauft für Kommittenten Papiere und nimmt sie dann in Depot für ihn, (hierzu vgl. Depotges. v. 5. Juli 1896, § 7). — Genügt beim constitutum possessorium mittelbarer Besitz des Uebertragenden? Abtretung der rei vindicatio B 931. — In allen Fällen „Besitz" nicht durch Besitzdiener gemeint.

b. durch Nichteigentümer: der Erwerber muß im Augenblicke des Besitzerwerbes gutgläubig sein, male fides superveniens non nocet. Gedeckt wird durch die bona fides des Erwerbers nur der Mangel im Rechte des Veräußerers. Vgl. B 932 bis 934. Ausnahme hiervon [vgl. altes H. G. B. Art. 306] bei abhanden gekommenen Sachen, z. B. gestohlenen oder verlorenen; hier nützt der gute Glaube nichts, weil der gestohlenen Sache als solcher objektiv ein Makel anhaftet (Cosack).

Von dieser Ausnahme wiederum eine Ausnahme: für Geld, Inhaberpapiere, in öffentlicher Versteigerung erworbene Sachen ist gutgläubig auch dann Erwerb nach B 932 bis 934 möglich, wenn sie selbst gestohlen ꝛc. sind. — [Im B kein Privileg für den Regenten und Fiskus, C 7, 37, 2 und 3.] Besonderes im H 367 über Ausschluß der Gutgläubigkeit.

c. Untergang der Rechte Dritter, z. B. Pfandrecht, Nießbrauch, im Falle der Uebertragung B 936.

2. Ersitzung. titulus und res habilis nicht erfordert. Voraussetzungen: bewegliche Sache im Eigenbesitze 10 Jahre lang, guter Glaube (ausgeschlossen: B 937_2); Vermutung für Eigenbesitz B 938: olim et hodie possessor, interim possessor, (Biermann). Hemmung und Unterbrechung B 939 bis 942, Anrechnung der Zeit des Vorgängers B 943, 944. Erlöschen von Rechten Dritter B 945.

3. Verbindung B 946, 947, 949, 951.

4. Vermischung B 948, 949, 951.

5. Verarbeitung (Spezifikation, s. w. o. S. 13 Nr. 2). Es muß eine neue bewegliche Sache entstehen, also nicht nur z. B. Lackieren eines Stuhles, Bügeln eines Hutes; der Arbeiter darf nicht Angestellter des Stoffeigentümers sein, sonst bleibt dieser Eigentümer. Prinzip des Schutzes wertvoller Arbeit (gegenüber dem geringerwerten Stoffe). B 950, 951.

6. Schuldschein ꝛc. ist nur accessorisch, daher B 952.

7. Erzeugnisse und Bestandteile gehören prinzipiell auch nach der Trennung dem Sacheigentümer, vor der Trennung erst recht ihm; [anders A. L. R. I 9, 221: mit Entstehen dem Nutzungsberechtigten.] Ausnahme: Der durch Nießbrauch, beschränkt persönliche Dienstbarkeit, Erbbaurecht, Pfandrecht Berechtigte (und zwar hierzu berechtigt; also Nießbraucher erwirbt z. B. nicht das Holz des vom Blitze zersplitterten Baumes) mit Trennung; Eigenbesitzer: an Früchten (nur!) mit Trennung, Besonderes B 955. Vgl. B 956 und 957.

8. Aneignung durch Ineigenbesitznahme einer herrenlosen Mobilie, sofern nicht a. gesetzliches Verbot, z. B. Salz, Bernstein, b. Aneignungsrecht eines anderen besteht, z. B. Jagd, Fischerei; [Wilderer wird aber Besitzer, Besitzesschutz.] — Herrenlos: Eigentümer giebt Besitz auf mit animus derelinquendi;

also z. B. nicht beim Verschießen von Munition (Kugelsuchen!). Ueber Tiere B 960 bis 964.

9. Fund B 965 bis 983.

10. Schatz B 984.

§ 11. 3. Ansprüche aus dem Eigentume.

1. Römisch: a. rei vindicatio. Formel: si paret hominem q. d. a. (quo de agitur) ex iure Quiritium A^i A^i (Auli Agerii) esse neque is homo arbitratu tuo A^0 A^0 restituetur, quanti ea res erit, tantam pecuniam iudex N^m N^m (Numerium Negidium) A^0 A^0 condemna, s. n. p. a. (si non paret, absolve). Im Formularprozesse: condemnatio pecuniaria; — arbitraria actio, d. h. durch nicht vollstreckbaren Zwischenbescheid legt der Richter dem Beklagten Restitution auf, im Falle des Ungehorsams kann Kläger durch iuramentum in litem Geldinteresse schätzen (litis aestimatio). Bei Justinian: Restitutionsbefehl vollstreckbar. Gemeinr.: Urteil auf Herausgabe der Sache. — Die r. v. ist Klage des nichtbesitzenden Eigentümers gegen den besitzenden Nichteigentümer. Kläger: Eigentümer, Beklagter: a. jeder Besitzer oder Inhaber (aber durch Konstantin: laudatio oder nominatio auctoris; Z 72), b. Nichtbesitzer, fictus possessor, nämlich qui liti se optulit oder qui dolo desiit possidere. Beweislast des Klägers: sein Eigentum (ev. bei derivativem Erwerbe probatio diabolica), ferner Besitz des Beklagten z. Zt. der Klagerhebung. — Herausgabe des Besitzers cum omni causa, Unterschied der Haftung des gut- und bösgläubigen Besitzers. Retentionsrecht bei Verwendungen (drei Arten). [Utilis actio ad rem vindicandam verschafft Besitz und Eigentum.] —

Inst. 4, 6, 2: „Unus casus" Klage des besitzenden Eigentümers gegen besitzenden Nichteigentümer; vermutlich des juristischen Bes. gegen natürlichen Bes. — Ueber a. negatoria w. u. S. 18 Nr. 2.

b. Actio Publiciana, Klage (aus besserem Rechte) des redlichen titulierten Erwerbers auf Besitz; fiktizisch (daß ersessen: „anno possedisset"); gilt eigentlich nicht gegenüber Eigentümer. Aber, wenn tradiert, dann: α. Eigentümer will Besitz haben mit r. v., dagegen exceptio rei venditae et traditae, β. actio Publiciana gegen Eigentümer, dieser exceptio dominii, darauf der Kläger exceptio rei venditae et traditae.

2. **Persönliche Klagen**: actio finium regundorum, actio viae reiectae, cautio damni infecti (cavēre oder carēre! Daher missio ex primo —, ex secŭndo decreto), actio aquae pluviae arcendae, operis novi nuntiatio (interdictum demolitorium), interdictum quod vi aut clam.

II. Nach B 985 bis 1007:

1. **Herausgabeanspruch** des Eigentümers — im Falle der Entziehung oder Vorenthaltung des Besitzes — gegen den unmittelbaren Besitzer wie auch gegen den mittelbaren (dafür: Gierke, Strohal, Fischer; dagegen: Wendt), aber nicht gegen fictus possessor oder Besitzdiener. **Verweigerung** der Herausgabe, wenn Beklagter Recht zum Besitze hat auf Grund eines dinglichen (z. B. Nießbrauch) oder persönlichen (z. B. Miete) Rechtes, oder wenn Bkl. ein Zurückbehaltungsrecht (B 273, 1000) hat. **Haftung** des Bkl. für Nutzungen und Schaden B 987 bis 993. **Verwendungen** B 994 bis 1003.

2. **Anspruch auf Beseitigung** ev. Unterlassung im Falle einer anderen Beeinträchtigung als wie zu 1; also z. B. zu starke Immission, Behauptung einer Servitut-Beeinträchtigung muß sich gegen das **Recht** (Eigentum), nicht gegen die Person (Eigentümer) richten. Der Anspruch geht nicht auf Schadensersatz; darüber vgl. w. o. S. 7 Nr. 5. **Einwendung** des Bekl., wenn Kläger zur Duldung durch Vertrag oder Gesetz verpflichtet ist. [Römisch: actio **negatoria**.]

3. **Abholungssache**: nach B 1005 gilt für den Eigentümer dasselbe wie nach B 867 für den Besitzer, vgl. w. o. S. 8 Nr. 7.

4. **Eigentumsvermutung** für den Besitzer einer Mobilie, — und zwar a. für den **gegenwärtigen** Besitzer, aber nicht gegenüber dem, welchem die Mobilie (nicht aber, wenn es Geld oder Inhaberpapier ist) abhanden gekommen ist; b. für den **früheren** Besitzer, — daß er während seines Besitzes Eigentümer gewesen ist. Bedeutung dieser Vermutung für den Prozeß!

5. **Anspruch aus früherem Besitze** gilt nur für **Mobilien** [anders die Publiciana], ist nicht anwendbar, wenn Kläger bei seinem (früheren) Besitzerwerbe bösgläubig war oder aber wenn er den Besitz aufgegeben hat. Zwei Arten: a. gegen den gegenwärtigen bösgläubigen Besitzer B 1007_1, b. gegen den gegenwärtigen Besitzer, auch wenn er gutgläubig ist B 1007_2.

§ 12. 4. Miteigentum.

I. Römisch: plurium dominium in solidum ist unmöglich, hingegen pro partibus indivisis, d. h. zu ideellen Teilen. D 13, 6, 5, 15 Celsus: nec quemquam partis corporis dominum esse, sed totius corporis pro indiviso pro parte dominium habere, also nicht die Sache, sondern das Recht ist geteilt. [Windscheid nennt den Anteil „Rechnungsteil."] Teilung nach Umfang, nicht etwa nach Inhalt. — Jeder Miteigentümer hat freie Verfügung über seine Quote [deutsch: Beschränkungen zu Gunsten der Genossen], Mitbesitz, Anteil am Einkommen, Befugnis zur Erhaltung. [Reparatur des Hauses: wenn einer sie bewirkt und die andern nicht binnen 4 Monaten Auslagen ersetzen, verfallen ihm ihre Anteile.] Veränderung, Verbesserung nur bei Zustimmung aller. Unentziehbares Recht auf Teilung, C 3, 37, 5. Actio communi dividundo, Haftung für culpa in concreto; Auseinandersetzung; Richter kann adjudizieren.

II. In B 1009 bis 1011 Bestimmungen nur über Miteigentum nach Bruchteilen. Hingegen Miteigentum zur gesamten Hand bei Gesellschaft B 718, bei Gütergemeinschaft B 1438, 1519, 1549, bei Miterben B 2032.

3. Kapitel:

Eigentumsähnliche Rechte.

§ 13. Erbbaurecht.

I. Römisch: 1. superficies (Platzrecht): das vererbliche und veräußerliche dingliche Recht, ein Gebäude oder eine andere Anlage dauernd auf fremdem Boden zu haben (Dernburg). Im röm. R. ist solarium (Bodenzins) wesentlich, gemeinr. nicht [in Städten üblich: Wurtzins]; röm.: Gebäude vom Superfiziar auf fremdem Boden zu errichten, und nur Gebäude; gemeinr.: auch an bestehendem Gebäude bezw. am Stockwerke, und auch für andere Anlagen, z. B. Bäume, Wälder, Eisenbahn. Begründung: Tradition, Vermächtnis, Ersitzung; ebenso für Uebertragung. Superfiziar ist Sachbesitzer (Dernburg, dagegen Wächter). Possessorischer Schutz; petitorisch analog (utilis! s. w. o. S. 12 Nr. II) dem Eigentümer. Untergang: Zeitablauf, Verjährung, Dereliktion, ev. bei vertragsmäßig stipulierter Verwirkung wegen Nichtzahlung des Zinses. — 2. Emphyteusis: dingliches Erbpachtrecht. Für kirchliche E. Schriftlichkeit. Der Emphyteuta hat Sachbesitz, Schutz wie bei 1, Fruchterwerb mit Separation; er hat Privation (Entsetzung) zu gewärtigen: a. bei schuldhafter Deterioration, b. bei dreijähriger Nichtzahlung von Zins und öffentlichen Abgaben; bei kirchlichen E. sogar schon bei zweijähriger; c. bei Nichtanzeige oder falscher Anzeige eines Verkaufes. — Im Falle der Veräußerung kann Grundherr entweder 2% des Preises oder Wertes fordern oder binnen 2 Monaten Vorkaufsrecht geltend machen. — Im Falle einer Mißernte keine remissio mercedis. — Vergleichung zwischen Pacht und Emphyteuse!

II. Nach B 1012 bis 1017 ist Gegenstand des Erbbaurechts jedes „Bauwerk auf oder unter der Oberfläche," also nicht Pflanzen, hingegen z. B. Kanalisationsanlagen; solarium nicht wesentlich. Beschränkung auf einen Teil eines Gebäudes unzulässig, aber E B 131, 182. Ueber Bestellung (B 1015, 873) vgl. w. o. S. 9. Für Erbbegräbnis gemäß E B 133 kommt L in Betracht, ebenso nach E B 63 für Erbpachtrecht, Büdnerrecht, Häuslerrecht in denjenigen Einzelstaaten, wo sie bestehen.

§ 14. Bergrecht.

I. Römisch: kein besonderes Bergrecht, Mineralien gehören als Grundstücksteile dem Eigentümer.

II. Deutsch: 1. älteres: Mineralien gehören als Grundstücksteile dem Eigentümer; 2. seit dem 10. sc. darf jeder Finder auch auf fremdem Boden abbauen (Bergbaufreiheit); 3. seit 12. sc. Regalität infolge der constitutio de regalibus 1158 (Friedrich Barbarossa); mit Bergwerkseigentum (ausschließliches Recht auf Gewinnung von Fossilien) wird der mutende (den Antrag stellende) Finder belehnt, „Freierklärung". Das Regal durch die goldene Bulle den Kurfürsten für ihre Staaten verliehen; 1648 (westf. Fr.) jedem Reichsstande. Direktionsprinzip: Lehnsherr hat Oberaufsicht. — Ebenso im A. L. R. II 16.

III. Durch EB 67 ist Bergrecht dem L verblieben, daher insbesondere die Ausführungsgesetze zum B maßgebend. — In Preußen: Berggesetz vom 24. Juni 1865, sowie preuß. Ausführungsgesetz zum B vom 20. September 1899, Artikel 37 bis 39; Bergbaufreiheit, aber Staat hat Berghoheit. Bergrecht nur für Metall, Salz, Kohle, Soolquellen. — Schürfen; dann beim Oberbergamte muten. „Der erste Finder ist der erste Muter." — Gewerkschaft: a. älteren Rechts (vor 1865) mit 128 immobilen Kuxen (Auflassung!), b. neueren Rechts mit 100 (1000) beweglichen, unteilbaren Kuxen. [Kux, slavisch kusz = pars, (Dahn).] „Bergschulden werden mit Berggut, Bürgerschulden mit Bürgergut bezahlt." „Das Retardat frißt die Kuxe." Einspänner. Gesellenbau der Eigenlehner. — Pfännerschaft.

Abbaurecht (Quasibergbau) bezieht sich auf Gewinnung von Thon, Lehm, Schiefer, Kalk, Sandstein, Granit 2c. Hierfür L gemäß EB 68, aber zur Anwendung sollen auch kommen B 874 bis 876, 1015, 1017.

4. Kapitel:

Dienstbarkeiten.

§ 15. Geschichtliche Uebersicht.

I. Römisch: servitus eines der vier römischen iura in re aliena, (die anderen drei: Superfizies, Emphyteusis, Pfandrecht).

1. Grundsätze: a. servitus in faciendo consistere nequit, nur auf pati oder non facere, nicht aber auf facere; einzige Ausnahme: servitus oneris ferendi; b. nulli res sua servit; c. servitus servitutis esse non potest (röm. schon teilweise beseitigt, gemeinr. nicht in Geltung). Wegen a römisch keine privatrechtliche Reallast möglich. [Pernice: Reallasten des öffentlichen Rechtes bei den Römern.] Actio confessoria bezweckt Anerkennung und Sicherung der eingeklagten Servitut. — Eigentümer hat actio negatoria gegen Anmaßung einer Servitut.

2. Prädialservituten: mit einem Grundstücke verknüpfte, zu dessen Nutzen bestimmte dingliche Rechte an fremden Grundstücken (Dernburg). Herrschendes — dienendes Grundstück. Praedium urbanum (Gebäude), rusticum (unbebaut), nicht etwa städtisch und ländlich. Gebäudeservitut — Felddienstbarkeit. Affirmative oder servitus habendi, negative oder servitus prohibendi. Continuae — discontinuae. Erfordernisse: praedio utilis; früher auch praedia vicina, dann: so nahe, daß ein Nützen möglich ist; causa perpetua (nicht gemeinr.). — D 8, 3, 32: per partes nec adquiri nec imponi servitutes posse, Unteilbarkeit der Servitut. Bei Teilung des herrschenden Grundstückes: jedes Trennstück servitutberechtigt. — Adminicula servitutis. — Tantum praescriptum, quantum possessum. Ins-

besondere: a. Felddienstbarkeiten: iter, actus, via, aquaeductus, aquaehaustus, jus pecoris ad aquam appulsus; — b. Gebäudeservituten: projectum immissum, s. protegendi et projiciendi, tigni immittendi, oneris ferendi, stillicidii recipiendi (immittendi), fluminis, ne luminibus officiatur, altius tollendi, ne prospectui officiatur.

3. Personalservituten: vier: usus fructus, usus, habitatio, operae servorum et animalium. [quasi usus fructus, kein dingliches Recht an fremder Sache, Nießbraucher wird Eigentümer des Objektes, aber persönlich zur Wiedererstattung des Wertes verpflichtet.] — Nießbrauch: an Personen geknüpftes dingliches Recht auf Gebrauch und Genuß einer fremden körperlichen Sache unter Schonung der Substanz, D 7, 1, 1: usus fructus est jus alienis rebus utendi fruendi salva rerum substantia; höchstpersönlich: unvererblich und unveräußerlich, jedoch der Ausübung nach veräußerlich; Fruchterwerb mit Perzeption, Tierjunge mit Separation. — Proprietar: bleibt juristischer Besitzer, kann cautio usufructuania verlangen.

4. Untergang der Servituten: verschieden bei 2 und 3.

II. Deutsch:

1. sog. servitutes iuris Germanicae auch auf ein facere. Wald-, Mastungs-, Holzungs- [Recht auf den Bau, auf den Hau], Weide-, Schäferei-, Pferch-, Fahr-, Triftgerechtigkeit.

2. Etwas anderes Reallasten: dauernde Belastung eines Grundstückes mit der Verpflichtung, für den jeweiligen Eigentümer wiederholt etwas zu thun oder zu geben. [Ist das Recht überhaupt, ist der einzelne Anspruch dinglich? persönlich? gemischt? Bedeutung: wenn beides dinglich, dann Haftung nur mit Grundstück, aber für alle Verbindlichkeiten; wenn persönlich, unumschränkte Haftung, aber nur für eigene Verbindlichkeit; wenn gemischt, dann für Reallast confessoria utilis, für einzelnen Anspruch persönliche Klage. — Schilter, Carpzov, Duncker, Dernburg: dinglich; von Gerber, Stobbe, von Savigny: persönlich; Beseler, Eccius, Dahn: gemischt.] Zehnte, Frohnden (frôno-Herr), Rentenkauf, Leibrenten. — Selbstpfändung, Rutscherzins, Unterwindung. — Ablösung.

§ 16. Grunddienstbarkeiten.

I. B 1018 bis 1029. Drei Arten: a. affirmativ, „in einzelnen Beziehungen benutzen" z. B. Wegegerechtigkeit; b. negativ, „auf dem belasteten Grundstücke dürfen gewisse Handlungen nicht vorgenommen werden“ z. B. Aussichtsgerechtigkeit; c. „Ausübung eines Rechtes wird ausgeschlossen, das sich aus dem Eigentume an dem belasteten Grundstücke dem anderen Grundstücke gegenüber ergiebt“ z. B. Ausschluß des Ueberhangrechtes. Notwendig, daß Vorteil dem Umfange nach dem herrschenden Grundstücke zu gute kommt; was mehr, also: was dem Eigentümer nützt, ist beschränkte persönliche Dienstbarkeit. Vizinität nicht erfordert. Im Falle B 1023 Recht des Eigentümers des belasteten Grundstücks, gegen Kostenvorschuß und =tragung Dienstbarkeit auf eine neue, ebenso geeignete Stelle zu übertragen, wenn an der bisherigen Stelle (muß sich also in diesem Falle auf Teil des belasteten Grundstückes beschränken!) besonders beschwerlich. [Kohler: dasselbe gilt für Abänderung der Art der Ausübung und Verlegung auf anderes Grundstück; — dagegen Biermann.] — Zur Begründung Eintragung ins Grundbuch des belasteten Grundstücks; Grundd. können als Bestandteile des herrschenden Grundstücks auch in dessen Grundbuch eingetragen werden.

§ 17. Nießbrauch.

Nießbrauch: unübertragbares dingliches Recht einer Person, unter Ausschluß des Eigentümers Nutzungen von dessen Sache zu ziehen; beschränkter Nießbrauch, wenn einzelne Nutzungen dem Nießbraucher entzogen sind. — Ist er dagegen auf einzelne Nutzungen beschränkt, dann ist er nicht Nießbraucher, sondern hat beschränkte persönliche Dienstbarkeit; natürlich nur, wenn an Grundstück; wenn an Mobilie, dann überhaupt kein dingliches Recht. Substanz kann als „Frucht“ teilweise erworben werden. Nießbrauch an Grundstück: B 873; an beweglichen Sachen: B 1032, also auch constitutum possessorium, ferner B 931, auch durch Ersitzung. Nießbraucher hat unmittelbaren oder mittelbaren Besitz (Fischer). — Neu: Einsetzung eines Verwalters B 1052. — Uneigentlicher Nießbrauch. Nießbrauch an Rechten. Nießbrauch an einem Vermögen.

§ 18. Beschränkte persönliche Dienstbarkeit.

B 1090 bis 1093. Nur an einem Grundstücke oder B 1017. Unübertragbar; der Ausübung nach nur dann übertragbar, wenn gestattet.

§ 19. Reallasten.

I. Insbesondere kommt L in Betracht für Rentengüter, Regalien, Waldgenossenschaft, Leibzucht, Meliorationsdarlehen rc. gemäß E B 62, 65, 73, 83, 96, 113, 114, 118; insbesondere vgl. E B 115. Nicht hierher gehört die Rentenschuld B 1199, bei welcher der Grundstückseigentümer nicht persönlich haftet; allerdings kann auch durch Reallast die Pflicht zu Rentenleistung begründet werden. — Niemals geht Reallast auf Unterlassung, vielmehr immer auf wiederkehrende Leistungen aus dem Grundstücke, bezw. B 1017.

II. Subjektiv persönlich: steht bestimmter Person zu, B 1111, darf nicht in subjektiv dingliche umgewandelt werden; vielmehr Novation. Veräußerung und Belastung unstatthaft, wenn Anspruch auf einzelne Leistung unübertragbar ist.

III. Subjektiv dinglich: zu Gunsten eines anderen Grundstückes, d. h. also für seinen jeweiligen Eigentümer; Bestandteil.

IV. Das belastete Grundstück haftet für die einzelnen, auch rückständigen Leistungen; analoge Anwendung der Vorschriften für Hypothekenzinsen. — Verjährung in vier Jahren B 197. Außerdem: Eigentümer haftet persönlich für die während der Dauer seines Eigentumes fällig werdenden Leistungen.

V. Wenn subjektiv dinglich, dann nicht trennbar von Eigentum des berechtigten Grundstücks, vgl. w. o. unter III. Ebenso bei subjektiv dinglichem Vorkaufsrechte B 1103.

5. Kapitel:

Pfandrecht.

§ 20. Geschichtliche Entwickelung.

I. Römisch. Marcianus ad formulam hypothecariam D 20. — Dingliches Recht an fremder Sache, welches, zur Sicherung einer Forderung bestimmt, den Gläubiger zur Befriedigung durch Verkauf berechtigt. Accessorisches Recht. — Kein Unterschied, ob Mobilie oder Immobilie. 1. Aeltestes Recht: fiducia, ein Doppelgeschäft: Gläubiger erhält Pfandsache durch mancipatio oder in iure cessio zu Eigentum und verpflichtet sich durch pactum fiduciae, sein Recht nur zu Pfandzwecken auszuüben; — actio fiduciae, auf Rückgabe der Pfandsache, infamierend. Hier Verkaufsrecht noch nicht wesentlich, ein besonderes pactum de vendendo nötig; außerdem konnte lex commissoria beigefügt werden, wonach Gläubiger eventuell Pfandsache statt der nicht erfüllten Forderung behält.

2. Später: pignus, Sicherung durch Besitz, auf Rückgabe geht actio pigneraticia.

3. Durch griechisches Recht: hypotheca, ὑποθήκη, Pfandbestellung durch bloßen Vertrag (pactum hypothecae). Gläubiger hat nicht Eigentum, nicht Besitz: nur das Recht, bei Nichtbefriedigung Sache in Besitz zu nehmen; (in diesem Falle hat Schuldner utilis actio pigneraticia auf Rückgabe). Im weiteren Verlaufe: inter pignus et hypothecam tantum nominis sonus differt. [Entwickelung der hypotheca: Zuerst an den invecta et illata des Pächters zu Gunsten des Verpächters. — Verpächter erlangt Besitz mit interdictum Salvianum, dies geht aber nur gegen Pächter. Wenn die Sache bei Drittem war, dann hat — später — Verpächter die actio Serviana. Schließlich auf alle Fälle (nicht bloß Pacht) der hypotheca ausgedehnt als actio quasi Serviana oder actio hypothecaria].

4. Gegenstand: Spezial-, General-, Kollektivpfand; — pignus nominis, pignus pignoris (subpignus?) an Servituten.

5. Forderung: jede, auch neutrale, kann versichert werden.

6. Begründung: a. durch Vertrag oder Verfügung mortis causa; pignus voluntarium. — b. durch obrigkeitliche Anordnung, pignus praetorium und pignus in causa iudicati captum. — c. durch Gesetz, pignus legale oder conventio tacita, z. B. für Vermieter, Verpächter, Ehemann, Ehefrau, Vormund, Mündel, Fiskus.

7. Ius distrahendi; hyperocha. — Antichresis.

8. Prior tempore potior iure. — Ius offerendi et succedendi.

9. Beendigung: Untergang der Sache, solutio, satisfactio, confusio (?), remissio pignoris, usucapio libertatis; insbesondere durch Geltendmachung (Verkauf).

II. Deutsch: Trennung von mobil und immobil, deutsche Grundsätze: Erkennbarkeit; Bestimmtheit (Spezialität, also keine Generalhypothek mehr).

1. an Liegenschaften. a. älteste Zeit: wie Eigentum (s. w. o. S. 10), aber nicht Eigengewere, sondern Pfandgewere und Nebenvertrag ähnlich der fiducia (Dahn). b. ältere Satzung [Einteilung von Albrecht; b und c bestanden aber schon neben ein-

ander]: Pfandgläubiger hat hebbende Gewere, sowohl bei Liegenschaften als bei Fahrhabe gilt hier „ohne Faust kein Pfand." Todsatzung (Früchte amortisieren die versicherte Forderung); Zinssatzung (antichretisch: Nutzungen auf Zinsen). c. neuere Satzung: keine Gewere; wird bestellt durch Eintragung.

2. an Fahrhabe: niemals wie zu 1 c.

3. an Rechten (welche als unbewegliche Sachen gelten, vgl. Grundriß Band 1, S. 21) z. B. Gerichtsbarkeit, Zollrecht, Vogtei, Brücken-, Geleitsrecht, Berg- und Münzregal, Judenschutz.

III. A. L. R. I 20, 1: Unterpfandsrecht ist das dingliche Recht, welches jemandem auf eine fremde Sache zur Sicherheit eingeräumt worden, und vermöge dessen er seine Befriedigung selbst aus der Substanz dieser Sache verlangen kann. Besonders: Grundschuld. — Auch hier Publizität, Spezialität, sowie Eintragung, Legalität. Beweglich und unbeweglich getrennt.

§ 21. **Hypothek.**

I. Allgemeines. Bei Hypothek, Grundschuld, Rentenschuld ist aus dem belasteten Grundstücke eine bestimmte Geldsumme zu zahlen. Zwangsweise Befriedigung durch Zwangsvollstreckung nach Reichsgesetz über die Zwangsversteigerung und die Zwangsverwaltung vom 24. März 1897. — Hypothek kann nur bei Vorhandensein einer Forderung entstehen, Grundschuld auch ohne; daher Hypothek nicht als Eigentümerhypothek begründbar, wohl aber sofort Eigentümergrundschuld möglich; Hypothekenbrief auf Inhaber nicht möglich, Grundschuldbrief wohl. Kein gesetzliches Pfandrecht mehr außer B 1287; Pfandrechtstitel (gesetzlicher Anspruch auf Eintragung einer Hypothek): B 648; Z 866, 932, ferner Rges. über Zw. §§ 128, 134, 145. — Pfandrecht nur, wenn eingetragen, aber E B 188_1. —

II. Hypothek, sogenannte gewöhnliche oder Verkehrshypothek (Hachenburg); in der Regel Briefhypothek, aber Ausschließung der Brieferteilung möglich (Buchhypothek). — Hypothek ist noch weniger accessorisch als im preußischen Rechte und als im bayerischen Rechte (in letzterem Brief nur Beweisurkunde, Hypothek völlig accessorisch, Eigentümerhypothek unbekannt; im preußischen: Eigentümerhypothek nur in Einzelfällen).

III. Bedeutung des Briefes: Gläubiger erwirbt Hypothek erst mit Uebergabe, Brief nimmt gemäß B 1140, 1157 dem Grundbuche seinen öffentlichen Glauben, zur Uebertragung der

Forderung Uebergabe des Briefes nötig, Befriedigung nur gegen Aushändigung des Briefes, Eintragungen sowie Geltendmachung nur bei Vorlegung möglich. — Aufgebot B 1162, Z 1003 bis 1024.

IV. Haftung: Grundstück mit wesentlichen und unwesentlichen Bestandteilen (Flächeninhalt ergiebt sich aus Grundbuch), aber Ausnahmen im Falle B 954 bis 957 (wenn also ein anderer als der Eigentümer dinglich oder obligatorisch berechtigt oder Nutzungsbesitzer ist; dieses Rechtsverhältnis muß aber bereits vor Hypothekbestellung begründet worden sein). Im übrigen B 1120 bis 1131.

V. Im weiteren Gesamthypothek B 1132; Verschlechterung des Grundstücks B 1133 bis 1135. Nichtigkeit der Verpflichtung des Eigentümers gegenüber dem Gläubiger (wohl aber gültig gegenüber Dritten), das Grundstück nicht zu veräußern oder nicht weiter zu belasten; aber E B 58 bis 61. Im B selbst keine Revenueenhypothek.

VI. Der Eigentümer: Einreden B 1137, Kündigung B 1141; Befriedigung 2c. B 1142 bis 1152, Eigentümerhypothek B 1163 bis 1179.

VII. Die Forderung: Teilung 1151, 1152; Uebertragung B 1153 bis 1159; Geltendmachung B 1160, 1161; schließlich noch B 1180 bis 1183.

VIII. Sicherungshypothek B 1184 bis 1190 rein accessorisch, durchaus von der Forderung abhängig, Brief ausgeschlossen, Umwandlung in gewöhnliche möglich; — Kautions-, Maximal- oder Höchstbetragshypothek.

§ 22. Grund- und Rentenschuld.

I. Grundschuld ist die Rechtsform für den reinen Realkredit (Denkschrift). Forderung nicht Voraussetzung, persönliche Haftung des Eigentümers; persönliche Haftung aber durch Vertrag begründbar.

II. Inhabergrundschuld: B 1195; Erwerb gemäß B 793, ferner 794 ff.

III. Eigentümergrundschuld: sowohl sofort als nachträglich.

IV. Umwandlung der Grundschuld in jede Hypothek und umgekehrt zulässig.

V. Rentenschuld: bestimmte Geldsumme, aus dem Grundstücke, in regelmäßig wiederkehrenden Terminen; — eine Art der Grundschuld B 1199 bis 1203.

§ 23. Pfandrecht an beweglichen Sachen.

I. Dingliches Recht zur Sicherung jedweder geldwerten Forderung. (B 1210, 1211).

II. Bestellung durch a. Einräumung des Besitzes: Uebergabe oder traditio brevi manu oder Abtretung des Herausgabeanspruches, ferner b. Einigung zwischen Gläubiger und Eigentümer darüber, daß Gläubiger Pfandrecht haben solle. — Rang B 1208, 1209.

III. Rechte des Pfandgläubigers: a. auf Besitz [strafbares furtum usus S 290], b. auf Verkauf, entweder Privatverkauf im Wege der öffentlichen Versteigerung (eventuell freihändig bei börsen- oder marktgängigen Sachen durch Handelsmakler oder Gerichtsvollzieher) oder Zwangsvollstreckung im Falle eines gegen den Pfandschuldner (Eigentümer) vollstreckbaren Titels.

IV. Kein pignus Gordianum mehr; gegen Befriedigung erfolgt Rückgabe Zug um Zug.

V. Untergang: Untergang der Sache oder der Forderung, Verzicht des Pfandgläubigers, Konfusion, Verkauf, Uebertragung der Forderung ohne Uebertragung des Pfandrechts; ferner: wenn Pfandgläubiger seinem Schuldner (dem Eigentümer) die Sache zurückgiebt.

VI. Schiffspfandrecht B 1259 bis 1272.

§ 24. Pfandrecht an Rechten.

I. Recht am Rechte?

II. Verpfändbar nur, soweit übertragbar; also Nießbrauch nicht verpfändbar, wohl aber kann die Ausübung zu Pfandzwecken überlassen werden (Biermann).

III. B 1273 bis 1296.

FSC
www.fsc.org
MIX
Papier | Fördert gute Waldnutzung
FSC® C083411

Kolibri 360 GmbH
Ferdinand-Jühlke-Straße 7
99095 Erfurt, Deutschland
produktsicherheit@kolibri360.de